Über den Autor

Ingo Baumgartner wurde am 12. Februar 1944 in Oberndorf an der Salzach geboren, dort, wo „Stille Nacht, Heilige Nacht" entstanden ist. In Salzburg wurde er zum Lehrer ausgebildet, unterrichtete an verschiedenen Volks- und Hauptschulen und war die letzten zehn Dienstjahre als Direktor einer Schule in Hallein tätig.

Reiselust und Interesse an Sprachen ließen ihn Arabisch, Türkisch und mehrere andere Sprachen lernen. Seine große Vorliebe ist aber die Zoologie. Beim Studium der verschiedensten Tiere fiel ihm sehr oft ein durchaus humorvolles Verhalten auf, das er vor etwa 15 Jahren in Gedichten festzuhalten begann. Der Bogen spannte sich dann weiter über alle Naturerscheinungen. Gegenwärtig schreibt Ingo Baumgartner vor allem ernstere Betrachtungen.

Während seiner Jahre als Lehrer hat Baumgartner Adventspiele für Schulaufführungen erdacht, Märchen dramatisiert und gereimte Unterrichtshilfen für Schüler mit nichtdeutscher Muttersprache verfasst, mit einer Schnepfe namens Eusebia als Hauptfigur. Für seine vier eigenen Kinder hat Ingo Baumgartner über 30 Märchenbücher in jeweils einem Exemplar geschrieben. Seine Kinder und seine Frau ermutigten ihn, seine Gedichte zu veröffentlichen. Im Internet fand Ingo Baumgartner die Jokers Gedichte-Datenbank. Mittlerweile hat er hier rund 1.000 Gedichte eingestellt.

Ingo Baumgartner
Das Mondkalb trägt
getönte Brillen

Ingo Baumgartner

Das Mondkalb trägt getönte Brillen

Scherz- und Herzgedichte

Jokers

© 2008 by Jokers restseller
in der Verlagsgruppe Weltbild GmbH, Augsburg
Alle Rechte vorbehalten
Cover und Innengestaltung:
Atelier Lehmacher, Friedberg
unter Verwendung einer Illustration von Georg Lehmacher
Redaktion: Christiane Schlüter, Augsburg
Gesamtherstellung: GGP Media GmbH, Pößneck,
Printed in the EU
ISBN: 978-3-8289-0847-5

www.jokers.de
www.jokers.at
www.jokers.ch

Inhalt

Grünzeug

Von allerlei Dingen

Mensch und Menschliches

Limericks

Besinnliches

Die schönen Künste

Schräges

Vorwort

Als ich ihn durch seine Texte kennenlernte, dachte ich: Der hat Witz! Es war Spätsommer, und Ingo Baumgartner stellte nahezu täglich ein Gedicht aus seiner Serie „Fauna americana" in die Jokers Gedichte-Datenbank. Ich las von Tieren, die mit ihrem Namen hadern. Von Tieren, die sich im Grund ihrer Seele missverstanden fühlen. Und von der eitlen Biberratte, die um des Überlebens willen mit einem leichten Stich im Herzen das Gerücht streut, der Nerz habe das schönere Fell. Der hat Witz, dachte ich, und er kennt die Menschen. Denn in bester Fabeltradition sind die tierischen Protagonisten von Ingo Baumgartner sehr menschlich.

Es blieb nicht bei der „Fauna americana". Irgendwann wandte sich Ingo Baumgartner den Pflanzen zu. Dann folgten Gedichte, die schräge Alltagssituationen aufs Korn nahmen oder ganz in die Welt des Absurden eintauchten. So kam etwa das Mondkalb, das dieser Anthologie den Titel gibt, zu seinen getönten Brillen. Und dann, als ich schon fast glaubte, Ingo Baumgartner sei ein Meister ausschließlich der scherzhaften Dichtung, fand sich plötzlich Nachdenkliches im Eingang der Jokers Gedichte-Datenbank. Texte von solcher Subtilität, dass ich nicht mehr wusste: Ist Ingo Baumgartner nun ein neuer Ringelnatz, ein zweiter Gernhardt oder vielleicht doch ein Romantiker des 21. Jahrhunderts?

Fest steht jedenfalls, dass der österreichische Dichter sich lyrisch in keine Schublade pressen und auf keine Gattung festlegen lässt. Seine Bandbreite reicht vom freundlich-satirischen Ton bis hin zu metaphysischen Anklängen, die manche seiner Texte durchziehen. Von Scherz bis zu Herz eben!

Wir freuen uns, über die Jokers Gedichte-Datenbank diesen wunderbaren Dichter entdeckt zu haben und hiermit eine Auswahl seiner Verse vorlegen zu können. Und wir freuen uns noch auf viele künftige Texte von Ingo Baumgartner.

Christiane Schlüter im Namen des Jokers Teams

Wie man eine Kuh erkennt

Wenn Flecken über Grünes wandern,
So sieht das Auge meistens Kühe.
Die unterscheidet man von andern
Geschöpfen ohne große Mühe.

Die Milch hängt bauchseits, hinten eher,
Den Kopf beschwert ein Hörnerpaar.
Dem Bauch entspringen noch vier Steher,
Der Schwanz trägt langes Quastenhaar.

Die Rinder stehen quer zum Hang,
Sonst kugeln sie den Berg hinunter.
Befällt sie plötzlich Darmesdrang,
Dann klatscht die Sache frisch und munter.

Zusammenfassend sehen wir,
Recht leicht erkennt man eine Kuh.
Besonders, wenn das liebe Tier
Nicht Mäh schreit, sondern deutlich Muh.

Erpelwahn

Ein Erpel wirft sich in die Brust,
Sein Prachtgefieder will er zeigen.
Er denkt dabei an Paarungslust,
Das kann und will er nicht verschweigen.

Die Enten tuscheln Seit an Seit,
Das Balzgetue stört sie nicht.
Sie kennen die Gefährlichkeit
Der Farbenpracht beim Mondenlicht.

Da leuchten aus des Nestes Grau
Die Erpelfedern wie Reklame.
Zur Tarnung wahrlich wenig schlau,
Im Gegensatz zur Entendame.

Der Fuchs verspeist des Nachts mit Wonne
Zwei Erpel, nur die Federn nicht,
Die leuchten in der Morgensonne.
Man kleidet sich am besten schlicht.

Landungsprobleme

Ein Schmetterling mit Augenleiden
Landet auf dem Schotterhaufen.
Er wähnt sich zwar auf Nektarweiden,
Findet aber nichts zum Saufen.

So macht er sich zu Fuß auf Suche,
Trippelt hin und trippelt her.
Er forscht nach blumigem Geruche,
Doch es riecht nach Staub und Teer.

Der Zufall will's, es weht der Wind
Unsren Falter in den Garten.
Nun glaubt er, seine Augen sind
Ähnlich den der Falkenarten.

Lipizzaner?

Lipizzaner, Hofreitschule
Verbindet jedermann mit Wien.
Seepferd Franz und Walross Kule
Beseelt' der Wunsch, dort hinzuzieh'n.

Der Flusspferddame Adelheid
Erschien die Strecke vom Sambesi
Zur Donau ziemlich fad und weit,
So nahm sie mit das Zebra Resi.

Schließlich war'n sie angekommen,
Resi, Heidi, Franz und Kule.
Von der Reise noch benommen,
Ging es auf zur hohen Schule.

Sie sah'n sich schon in Reih und Glied
Mit den weißen Hengsten üben.
Der kleine Farbenunterschied
Würd' die Mitgliedschaft nicht trüben.

Noch eh' der Unterricht begann,
Niemand konnte das vermuten,
Verkündete ein Reitersmann:
Wir trainieren keine Stuten.

Empört ob solcher Arroganz
Erklärten Kule und auch Franz
Sich ganz stutensolidarisch
Und stornierten exemplarisch.

Hund oder nicht Hund

Oft führt ein lieber junger Hund
Zwei Leute hin zum Ehebund.
Genau so oft, das ist bewiesen,
Führt der Hund zu Ehekrisen.
Hund oder nicht, sei stets die Frage,
Bevor man sich an Partner wage.

Kohlweißling

Ich fühle mich als Mitgestalter
Am eignen Wohl und Daseinssinn.
Mein Vetter, der Zitronenfalter,
Sieht leider wenig Sinn darin.

Er sollt', sein Name sagt es ja,
In einem fort Zitronen falten.
Nun sitzt er völlig ratlos da.
Ich würde auch auf Trübsal schalten.

Biberratte oder Nutria (Fauna americana)

Recht häufig stellt die Nutria
Ihr Fell zur Schau und protzt damit.
So rochen in den USA
Die Kürschner kräftigen Profit.

Verschwunden war im Nu der Stolz.
Die Felle hingen wie die Eicheln
Zu Hunderten am Trockenholz,
Um später Hälse zu umschmeicheln.

Auf List verfiel die Biberratte
Und warf mit leichtem Stich im Herz
Gerüchte in die Felldebatte,
Die schönsten Pelze hätt' der Nerz.

Kein Wunder, dass seit jenen Tagen
Der Nerz die Nutria verachtet.
Doch solch charakterlich' Versagen
Hat nicht allein die Ratt' gepachtet.

Beuteschema

Mit Argwohn nähert sich dem Fluss
Ein Krokodil, die Kehle trocken.
Es wittert, zögert, doch zum Schluss
Beschließt es, rücksichtslos zu zocken.

Da brodelt es, das Wasser spritzt,
Es schließt sich fest der Ziegenrachen.
Die Panzerechse, aufgeschlitzt,
Kann im Prinzipe nichts mehr machen.

Ein Ausbund wirrer Fantasie?
Nein, wissenschaftlich ist das Thema.
Wer kennt denn schon mit Akribie
Des Ziegenbockes Beuteschema?

Endvokal

Hoch im Norden, streng behütet,
Weil dieser Vogel selten brütet,
Baut ihr Nest in Eis und Schnee
Fast unbemerkt die Schneeeule.
Man erspart dem Ohr die Qual,
Betont man hier den Endvokal.

Geiereier

Ob Gänse-, Bart-, ob Pleitegeier,
Sie alle sind mir nicht geheuer.
Ich äße gerne ihre Eier,
Jedoch sind Geiereier teuer.

Man stell' sich vor, ein Geierstall
Mit hundertfünfzig Geiern.
Es wimmelte dann überall
Von sündhaft teuren Eiern.

Und liefen alle Geier frei,
So wär'n die Eier unerschwinglich.
Drum schwöre ich aufs Hühnerei,
Ess' Geiereier nur, wenn's dringlich.

Gürtel- oder Hosenträger

Das Gürteltier aus Mexiko
Verwendet keine Hosenträger.
Man glaubt es kaum, doch ist es so,
Bestätigt auch im Zoo der Pfleger.

Der Anschein trügt, es wäre gar
Zu eitel für die Beinkleidhalter.
Die Bodenschnüffler, sonnenklar,
sind Gürtelträger bis ins Alter.

Den Hauptgrund für den Nichtgebrauch
Von Trägern soll man nicht verschweigen.
Das Gürteltier, warum denn auch,
Wird niemals sich in Hosen zeigen.

e und ä

Tirilierend flog die Lerche
Über Weizenfelder hin.
Sinnend folgte eine Lärche
Diesem Spiel im Äther drin.

Ach wie schön's im Himmel wäre,
Dachte sich der Nadelbaum.
Nah dem Schäfchenwolkenmeere,
Ewig wohl ein Lärchentraum.

Mächtig wuchs der Stamm, die Krone,
Denn man wollte es so droben.
Staunt und seht, wie zweifelsohne
Lärch' und Lerch' den Herrgott loben.

Frühlingsgeschwänzel

Mein Langhaardackel Flachmann schwänzelt,
Was er winters selten tut.
Ein Zeichen, dass es heftig lenzelt,
Und das gibt mir frischen Mut.

Würd' der Hausgenoss' nicht schwänzeln,
Ich merkte weder Saft noch Triebe,
Sähe nicht die Mücken tänzeln
Und glaubte, dass man Feber schriebe.

Ich bliebe dann im Hause hocken,
Schaute auf den Dackelhintern.
Nichts könnte mich nach draußen locken,
Denn ich meinte, es wär' Wintern.

Die Hausstaubmilbe

Als Heimtier ist die Hausstaubmilbe,
Die braune Abart, nicht die gilbe,
Ein pflegeleichter Hausgenosse
Für Kinder, ebenso für Große.

Die Milben leben streng sozial
Und Einzelhaltung gilt als Qual.
Viertausend Tierchen werden satt
Pro Dezimeter im Quadrat.

Das Kuscheltier ist anspruchslos,
Man reinige den Teppich bloß
Nicht alle Jahre, das wär' schlecht
Und überhaupt nicht artgerecht.

Zum Spiel und Tollen mit den Lausern
Nimm Atemmasken, nur nicht knausern,
Denn Milbenumgang ohne sie
Führt schnell zu schwerer Allergie.

Biene und Hummel

Die Biene sagt zu ihrer Base,
Geh Hummel, rück ein bisschen, bitte.
Mit deinem Bodyindexmaße
Gelang ich nicht zur Blumenmitte.

Es würde deinem Tonnenbauch
Nicht schaden, etwas abzunehmen.
Du hamsterst jeden Pollenschlauch.
Solch einer Gier würd' ich mich schämen.

So spricht zur Hummel unsre Imme,
Da liegt sie plötzlich auf der Erde.
Es ist bei Hummeln ja das Schlimme,
Sie sind humorlos – einfach merde.

Curriculum Vitae einer Eintagsfliege

Wie Menschen sich doch oft beeilen,
Während sie auf Erden weilen.
Noch größer wäre ihr Dilemma
Mit der Lebenszeit von Emma.

Emma, eine Eintagsfliege,
Sprengt hastig ihre Puppenwiege.
Sie will im Leben nichts verpassen,
So kann sie mit der Zeit nicht prassen.

Es ist jetzt sieben Uhr am Morgen,
Schon beginnen Emmas Sorgen,
Denn der Schulpflicht unterliegen
Auch Sprösslinge von Eintagsfliegen.

Um acht Uhr zehn, man staune nur,
Hat Emma schon das Abitur.
Damit sie keine Zeit verliert,
Wird um neun Uhr promoviert.

Beim Abschlussball am nahen Weiher
Trifft Emma eine Menge Freier.
Nach einem Dreisekundentanz
Vermählt sie sich mit Fliege Franz.

Die beiden haben dann recht fleißig
Ein Haus gebaut bis zehn Uhr dreißig.
Jetzt denkt das Paar an Kindersegen,
So muss denn Emma Eier legen.

Sie tut das ebenfalls am Teich,
Hastig, es ist Mittag gleich.
Die Kinder sind nun außer Haus,
Man richtet sich beruflich aus.

Dann, um ein Uhr dreißig knapp,
Fliegt Franz in Richtung Himmel ab.
Auch Emma spürt das Alter schon,
Bezieht ab zwei Uhr Frühpension.

Im Altenheim wohnt sie ab drei,
Erstmals stress- und sorgenfrei.
So wünschen wir, die Leserrunde,
Ihr noch so manche frohe Stunde.

Arachne spinnt

Es fügt aus weichem Drüsensaft
Ein Faden sich an Faden.
Acht Beine ordnen, ziehn mit Kraft
Den Durchhang zur Geraden.

Ein Netz entsteht, Arachnes Reich,
Kaum merkbar für die Sinne.
Was hängen bleibt, das wird sogleich
Zum Opfer unsrer Spinne.

Kommt Regen auf, netzt früher Tau
Das Geweb mit schweren Tränen,
Dann funkelt es im Morgengrau
Und teilt das Licht zu Strähnen.

Arachne sitzt im rechten Eck,
Ihr Netz bereitet Sorgen.
Sie hofft, die Tropfen trocknen weg,
Womöglich noch am Morgen.

Äskulap

Äskulap, der Heilkunstgott,
Hasste Hunde wie auch Katzen.
Doch durchs Kurhaus hüpften flott
Mäusescharen, tausend Ratzen.

Hilflos sah der Grieche immer,
Was die Nagetiere trieben,
Nahm ein Schlangenpaar ins Zimmer,
Keine Ratte ist verblieben.

Äskulap wollt's nicht verschweigen,
Ehren sollte man die Kriecher.
Apothekenschilder zeigen
Heute noch die Schlangenviecher.

Eulen nach Athen

Frau Eule fliegt nach Griechenland
In einem durch zum Meeresstrand.
Nach einer Woche Sonnenbad
Wird's langsam, aber sicher fad.

Es gilt, den Urlaub abzurunden,
So will die Hauptstadt sie erkunden.
Sie hört im Geist die Lyra klingen,
Doch plötzlich lahmen ihre Schwingen.

Ein Ami aus Connecticut
Verhilft ihr dennoch in die Stadt.
Er freut sich, sagt „How nice, wie schön!
Jetzt trag ich Eulen nach Athen!"

Die Ringelblume

Wie leuchten Blütenkorb und Krone
Der Ringelblume uns entgegen.
Was täten Menschen wirklich ohne
Der Pflanze weit gestreuten Segen?

So färbt sie Kuchen, Strudel, Torten,
Ersetzt den Safran mühelos.
Man isst die Blüten allerorten,
Auch Blätter, die nicht allzu groß.

Ganz ähnlich unsrer Arnika
Besänftigt sie die Wunden.
In Salben, Tees, Kosmetika
Erfreut sie viele Kunden.

Wohlan, die wack're Ringelblüte
Ist klebrig, aber hochbegehrt,
Gib Ringelsamen in die Tüte,
Damit sie sich zu Haus vermehrt!

Glückskind

Ein fahles Mauerblümchen stand
Unzufrieden, voller Trauer,
Mit ausgefranstem Blätterrand,
Welk beinahe an der Mauer.

Der Gärtner riss das Blümchen aus,
Radikal mit Wurzelzotten.
Im Blumenbeete vor dem Haus
Sollte es zu Dung verrotten.

Das Kümmerchen genoss den Raum,
Schlug Wurzeln in die Erden.
Ein echter Mauerblümchentraum
Schien erfüllt und wahr zu werden.

Die Unscheinbare wuchs heran
Bald zur Schönsten aller Schönen.
Das Schicksal will ja dann und wann
Auch ein Unglückskind verwöhnen.

Das Heidekraut

Ob Irland, Lüneburger Heide,
Ob karge, hoch geleg'ne Weide,
Das Kräutlein wird zum Sommer-Aus
Dem Wanderer ein Augenschmaus.

Selbst Gäste aus Amerika
Verfallen unsrer Erika.
Berichten dann in Houston/Tex.:
A wirklich wonderful Gewäx.

Der Pflanzenkundler ahnt schon lange:
Dem Kraut wird häufig angst und bange,
Wenn Weißes in die Nähe drängt,
Vermutlich, weil's an Schneefall denkt.

Man hört bei uns so gut wie nie
Von Heidekräutleins Weißphobie.
Ein Schuft, wer in das Heidekraut
Zum Zeitvertreibe Kreide haut.

Fleischeslust

Aus dem Grün im feuchten Moor,
Wo Bärlapp wächst und Knabenkraut,
Lugt der Sonnentau hervor,
Der Fliegen fängt und dann verdaut.

Für eine Pflanze gar nicht dumm,
Deckt das Rundblatt Mangel ab.
Bedarf an Nitrogenium
Kompensiert das Fliegengrab.

„Widerlich, der Sonnentau.
Meinetwegen frisst er Käse",
Meint die Segge, „ich vertrau'
Auf photonische Synthese."

Flugsamen

Am Fallschirm hängt ein Samenkorn
Und schwebt in warmer Luft nach oben.
Ein Wespentier mit gift'gem Dorn
Beginnt vor Angst, den Herrn zu loben.

Du lieber Gott, mein Augenlicht,
Was hebt sich ab vom Distelkopf?
Was traut sich so ein Samenwicht
Zu tun, welch unverschämter Tropf?

Wie kann ein dummes Pflanzending
So schweben wie ein Fluginsekt?
Du lieber Herrgott, schau und dring
Auf Flugverbot und mehr Respekt.

Die Wespe, innerlich erschüttert,
Beharrt auf Flugerlaubnisgrenzen.
Sie wünscht, ganz offenbar verbittert,
Dem Samen arge Turbulenzen.

Loblied auf den Kürbis

Der Kürbis leidet, wird vermutet,
An ausgeprägtem Größenwahn.
Er wächst, wenn sonnenüberflutet,
Zur wahren Monsterfrucht heran.

In hartes Fruchtfleisch eingebettet,
Verbergen sich die feisten Kerne.
Mit Ölen sind sie eingefettet
Und dieses schlürft der Feinspitz gerne.

Verquirlte Suppen, Gulasch gar
Bereitet heut' der Haubenkoch.
Erst kürzlich, wissen wir, da war
Der Kürbis Armenspeise noch.

Die Außenhaut in voller Stärke
Veränderst du mit Schnitzereien.
Mit Kerzen geht man dann zu Werke,
Erfreut sich an den Gruselschreien.

Kein Größenwahn erfüllt die Frucht,
Es dienen Kerne, Fleisch und Schale.
So findet jeder, was er sucht,
Der Kürbis hat das Optimale.

Der Kirschbaum

Der Kirschbaum blüht im Frühjahr zeitig,
Bald baumeln Früchte, zwei und zwei.
Die Stare machen diese streitig,
Sie fallen ein mit Kriegsgeschrei.

Im Sommer, fern der Blütenzier,
Beachten ihn die Leute kaum.
Im Glücksfall sucht ein Weidetier
Den Schatten dort am Wiesensaum.

Im Herbst jedoch, schon lichter jetzt,
Erstrahlt der Baum in neuem Glanz.
Altweibersommerlich vernetzt,
Verleitet er zu frohem Tanz.

Klee

Als Dreiblatt eher bieder noch,
Wird Klee nicht sonderlich geachtet.
Ein weit'res, viertes Blatt jedoch -
Und schau, er wird als Glück betrachtet.

Weil Glücksklee aber selten ist,
Das Vierblatt siedelt ganz spontan,
Greift mancher Schelm zu arger List
Und fügt ein Blatt mit Klebstoff an.

Alpenfeilchen

Ein Spitzbub saß seit vielen Wochen,
Weil abgeurteilt, hinter Gittern.
Er wäre längst schon ausgebrochen,
Sein Dasein war ja zum Verbittern.

Ein Freund, des Armen eingedenk,
Besuchte seinen Kumpel jetzt
Mit Alpenfeilchen als Geschenk.
Die Zelle ist nun unbesetzt.

Aufgepasst!

Der Eberesche reife Beeren
Ziehen Vogelscharen an.
Nach dem Pflücken und Vergären
Inspirieren sie den Mann.

Ein Schluck vom Schnaps der edlen Frucht
Ist Volksgebrauch und Lebenswürze.
Mehr davon führt, ei verflucht,
Zum Weiße-Maus-Syndrom in Kürze.

Wen wundert's, wenn im späten Jahr
Die Vögel Beerchen konsumieren,
So dass nun Amsel, Drossel, Star
Nicht tiri-, sondern delirieren.

Ahornsamen

Der Ahorn gibt die Samen preis,
Die drehen, bremsen sich im Fall.
Streicht Wind noch in den Wirbelkreis,
Geht's weiter über Berg und Tal.

Ob Fallschirm oder Flügelrad,
Natur ist's, die die Technik lehrt.
Die Schöpfung zeigt zuerst den Pfad,
Noch nie war dieses umgekehrt.

Handwerkliches Geschick

Der Hämmer Nutz steht außer Streit.
Obwohl – sie sind gewaltbereit.
Bedrohlich wirkt der schwere Stahl
Auf Fingerspitzen allemal.

Du zielst aufs Nägelchen im Brett,
Doch triffst du nur dein Nagelbett.
Jetzt sollt' man zur Entspannung fluchen,
Den Schlag dann abermals versuchen.

Sind deine Finger dann zerschunden,
Fest mit dem Eichenbrett verbunden,
Dann mach um Hämmer große Bögen,
Sie scheinen dich wohl kaum zu mögen.

Bitterböse

Dem Leitungshahn mit rotem Punkt
Entströmt bei Abruf heißes Wasser
Und dreht man, wo der Blaupunkt prunkt,
Dann fließt es kälter, doch nicht nasser.

Vertauscht ein Bösewicht die Farben
Von rechts nach links und umgekehrt,
So liefert Blau Verbrennungsnarben
Und Rot lässt thermisch unversehrt.

Mit wenig Einsatz, Zeit und Mühe
Verschafft der Tüftler sich ein Fest.
Denn lustig ist's, wenn heiße Brühe
Den Ahnungslosen tanzen lässt.

Unbedankt

Kein Loblied wurd' ihm je gesungen,
Nur achtlos ist man umgesprungen
Mit ihm, der Liebe nie genossen,
Vom Alltagsleben ausgeschlossen.

Beraubt von seines Daseins Sinn,
Verstaubt er in der Lade drin.
Sehr selten nur, fast lächerlich,
Besinnt man seines Nutzens sich.

Wird Apfelstrudel zubereitet,
Ist's er, der Wichtiges bestreitet.
Denn nützlich ist er, kein Verbrecher,
Der brave Kerngehäusestecher.

Kriminelle Fotografen

Bilder schießt man auf die Schnelle
Mit Canon, Sony und noch mehr.
Doch gleitest du ins Kriminelle,
Nimmst du eine Magnum her.

Abdeckeln

Ein Dosenöffner funktioniert
Im Regelfall, was imponiert.
Ganz selten kommt es zur Entgleisung,
Befolgt man die Gebrauchsanweisung:

Du schlägst mit faustgeballter Hand
Den Öffner in den Deckelrand.
Nun spritzt in lustigen Fontänen
Tomatenmark in deine Strähnen.

Im Sinn des Zeigers einer Uhr
(vielleicht ein bisschen schneller nur)
Bewegst du einen Zahnkranz jetzt,
Was hin und wieder auch verletzt.

Mit spitzen Fingern, nur nicht fluchen,
Empfiehlt sich nun das Deckelsuchen.
Bis dieser wird, jetzt unverbunden,
Im Mark versunken aufgefunden.

Es lauern, sehen wir, Gefahren,
Doch sollt' man Contenance bewahren,
Denn Dosenöffnen ist ein Jammer
Mit Meißel, Schere oder Hammer.

Der Mixer

Zucker, Honig, Mehl und Ei
Vermischt im Nu zu zähem Brei
Der Mixer.
Die vremsichetn Knoistsnezen
Knan man als Kchuen dnan kedrnezen.

Bootsausflug am Muttertag

Mütterzwangsverschiffung heute,
An diesem Ehrentag im Mai.
Doppelpreis für alle Leute,
Nur Mütter gehen gänzlich frei.
Auf dem See wird Mutter blasser
Und bricht die Torte in das Wasser.

Mildernde Umstände

Ein Räuber fordert frech am Schalter,
Ihm Bares in den Mund zu pfropfen.
Verängstigt staunt der Geldverwalter
Und schickt sich an, ihn vollzustopfen.

Der Mann enteilt, gebläht die Wangen,
Vor Freude strahlend, quietschvergnügt.
Ihm ist bewusst: Er muss nicht bangen,
Denn Mundraub ist kein Schwerdelikt.

Ländliche Weis- und Wahrheiten

Bauernregeln, Wettersprüche –
Aphorismen dieser Art
Sind für Haus und Feld und Küche
Wichtig, wenn auch oft nicht zart.

Grunzt zur Weihnachtszeit das Schwein,
Wird's wohl noch am Leben sein.
Schlachte nie mit einer Sense
Enten und Martinigänse.

Wenn Katzen in den Häcksler rennen,
Sind sie nicht mehr zu erkennen,
Aber sind, vermischt mit Heu,
Kühen und auch Pferden neu.

Schreit das Vieh im Stall nach Futter,
Sitzt der Landwirt am Computer.
Brüllt es allzu laut im Stall,
Helfen Fenster gegen Schall.

Mit der jungen Magd im Haus
Geht sich Frömmigkeit nicht aus.
Hat der Bauer einen Knecht,
Geht's der Bäuerin nicht schlecht.

Wer sein Schaf mit Wollgras füttert,
Ist vom Misserfolg verbittert.
Angemacht als Blattsalat,
Schmeckt das Hühnchen seltsam fad.

Wenn schon früh die Mücken tanzen,
Soll man keine Bauern pflanzen.
Solche Sprüche führ'n zum Schluss
Zu verständlichem Verdruss.

Der erste Schneemann

Es schneit, es schneit, ein Kinderlachen,
Ein Zuckerguss auf Haus und Gras.
Juchee, wir woll'n ein Männchen machen
Mit Hut und Stock und Rübennas'.

Vom Mütterchen zum Schal verpflichtet,
Die Mütze in die Stirn gedrückt,
Wird Schnee in Kugelform verdichtet.
Schon steht der Rundmann, leicht gebückt.

Ein Tänzchen um die Eisskulptur,
Das Kohlestück als Auge lacht.
Wie rätseln manche Eltern nur,
Was ihren Kindern Freude macht?

Kollegiale Hilfe

Du kommen her, ich dich brauchen,
Du passen bitte einmal auf.
Ich dir sagen, du nicht rauchen,
Meister setzen Strafe drauf!

So warnt Hans den jungen Türken,
Der neu in dieser Firma ist.
Die Holpersprache soll bewirken,
Dass Ali nicht den Sinn vermisst.

Hab Dank, sagt Ali, für den Rat,
Ich möchte mich gern revanchieren.
Dein Deutsch, das leichte Mängel hat,
Könnten wir doch aufpolieren!

Der Schraubenschlüssel

Erwachsen werden sie wohl nie,
die Schraubenschlüssel, welche wie
ein Kind betreut, verhätschelt werden,
fern allen Dingen, die auf Erden
ein Erwachsener stets meistern muss.
Warum das so ist, jetzt zum Schluss:
Wer so auf Muttern ist fixiert,
sich leicht als Ödipus geriert.

Keine Basis

Caesar liebte Lorbeerblätter,
Vor allem in Kartoffelsuppe.
Kleopatra, so liest man später,
Waren diese völlig schnuppe.

Die Verbindung konnt' nichts bringen,
Bald waren Paar und Seel' entzweit.
In solch wesentlichen Dingen
Bedarf es der Gemeinsamkeit.

Kleines Testament

Ans Jenseits denkt man ungern, klar.
Wer kennt schon wen, der drüben war?
Ist Sterben schon per se Verdruss,
Befürcht ich, dass man hungern muss.

Drum will ich einen Baobab
Als Nahrungsspender überm Grab.
Dann hätte ich, was heißt schon tot,
Für alle Fälle Affenbrot.

Doch will der Baobab nicht wachsen,
macht keine Umständ', keine Faxen.
Ihr legt mir auf den Schwarzerdhügel
Ganz einfach drei, vier Müsliriegel.

Befolgt ihr treulich diesen Wunsch
(vielleicht zur Weihnacht etwas Punsch),
Dann bete ich genüsslich kauend
Für euch, beim Futtern Engel schauend.

Ich liebe dich

Uhibuki, amo te,
Seni seviorum,
Yes, I love you, ohne Schmäh
Nicht nur so ums Ohr rum.

Uhibukst du Schatz auch mich?
Beni seviyorst du detto?
Amost mich so wie ich dich,
Ja, dann hab ich was in petto.

Irrglaube

Viele glauben felsenfest,
Sie hätten keinen mehr.
Nicht den allerkleinsten Rest.
Das Plätzchen wäre leer.

Irrtum, Missverständnis pur.
Er bleibt fürs Leben dein.
Man entfernt sein Würmchen nur.
Den Blinddarm lässt man sein.

Jähzorn

Heute bleibt mein Auto stehen,
Bei Schneefall lohnt sich der Verzicht.
Heimgekommen muss ich sehen:
Der Straßenlampe fehlt das Licht.

Auf dem Parkplatz steht ein Wagen,
Auf meinem Platz, betone ich.
Unverfroren, nicht zu schlagen
An Frechheit, einfach widerlich.

Na, dem Lümmel werd' ich's zeigen!
Zuerst ein Tritt mit derbem Fuß.
Dann ein Kratzer, nicht bescheiden,
Von Unbekannt ein netter Gruß.

Noch ein Spiegel, eine Felge,
Ein rüdes Wort noch in den Lack.
Jetzt genug, bevor ich schwelge.
Der blaue Wagen ist ein Wrack.

Wieder bin ich Herr der Sinne,
Da höre ich des Nachbars Hohn.
Nicht mein Parkplatz, werd' ich inne,
Mein Auto aber ist es schon.

In luftiger Höh'

Die Seilbahn hilft dem Fußmaroden,
Gebirg und Bergwald zu erkunden.
Die Gondel dreht weitab vom Boden
Besetzt und leer dann ihre Runden.

Für manche ist die Fahrt ein Graus,
Es drohen Höhenangst und Schwindel.
Die Leute beugen sich hinaus
Und brechen auf die Hüttenschindel.

Ein Mensch mit Magen-Nervenschwäche
Erspare sich der Bergfahrt Qual,
Er bleibe stets auf ebner Fläche.
Die gibt es leider nur im Tal.

Gebrauch von Fremdwörtern

Ein Fremdwort kann recht nützlich sein
Im Schriftverkehr und allgemein.
Trotzdem soll man sich bemühen,
Deutsche Wörter vorzuziehen.

Ich persönlich glaub' das auch
Und reduziere den Gebrauch
Von Termini aus fremden Sprachen,
Die Müh' beim Dechiffrieren machen.

Auch finde ich es degoutant,
Wenn Leute, die ansonst charmant,
Die deutsche Sprache degradieren,
Indem sie Kauderwelsch parlieren.

So instruier' ich meine Kinder:
Deutsch ist cool und niemals minder.
Auch meine Frau teilt explizit
Mir Fakten nur auf Hochdeutsch mit.

Nun, ich will nicht exzedieren,
Doch kann mir niemand imponieren,
Der Germanismen exkludiert,
Weil reines Deutsch ihn irritiert.

First Lady

Auf des Daches Oberkante
Saß die Frau im Sonnenschein.
Nur einen Tag, wie sie bekannte,
Wollte sie First Lady sein.

Freud

Ein Tischlermeister namens Freud
Verehrt den großen Namensvetter.
Er zimmert Couchen für die Leut'
Und legt die Seel' in seine Bretter.

Wenn schönes Wetter es erlaubt,
Dann liegt er mitten auf der Wiese,
Auch unter Büschen, die belaubt,
Mit seiner Psycho-Anneliese.

De la Mancha

Don Quijote, arg zerschunden,
Hängt abgeknickt am Windmühlflügel,
Ungeschickt, doch fest verbunden
Mit Rosinantes Aufsteigbügel.

Fassungslos muss Sancho sehen,
Wie Don und Ross nach oben streben.
Heiße Manchawinde wehen,
Die immer schneller sich beleben.

Pferd und Ritter lernen beide
Zum ersten Mal die Fliehkraft kennen,
Sancho folgt, uns Augenweide,
Dem Vorgang mit verhalt'nen Tränen.

Don Quijote ist verwundert,
Den Riesen wähnt er urgewaltig.
Doch nach Drehung Nummer hundert
Erscheint er kaum noch menschgestaltig.

Glimpflich schließt das Abenteuer.
Dem Pferd, das neue Unbill wittert,
Scheint die Zukunft nicht geheuer.
Es ist darüber arg verbittert.

Die Sache mit dem Hönig

Attila, der Hunnenkönig,
Ritt nach Westen, schatzte Brand.
Grund des Feldzugs war der Hönig,
Mangelwar' im Jurtenland.

Der Hunne aß gern Hönigbrot,
wie Dokumente künden.
Er hoffte, dort im Abendrot
Den Rohstoff vorzufinden.

Wenig Hönig bei den Goten
Stachelte des Herrschers Zorn.
Flucht erschien dem Volk geboten,
Völker, wandert!, blies das Horn.

Zum Rheine zog jetzt Attila,
Um Süßigkeit zu suchen
Fürs Brot, doch war nur Kriemhild da
Und diese war zu buchen.

Fortan nannte er sich Etzel.
Schinken deckte jetzt das Brot.
Eingefädeltes Gemetzel –
Kriemhilds Mannersatz war tot.

Marotte war's von Attila,
Das sag' ich hier vertraulich,
Die Sache mit dem Hönig da.
Doch irgendwie erbaulich.

Der Hypochonder

Ein Hypochonder ist verzagt,
Kein Schwindel, der ihn heute plagt,
Kein Schmerz, kein Stich, kein schwaches Bein.
Es wird doch wohl nichts Ernstes sein?

Der Mörder ist immer der Gärtner

Ein Gärtner, der auf Hintertreppen
Gesehen wird um Mitternacht,
Steht, ohne Leichen mitzuschleppen,
Von vornherein im Mordverdacht.

Vergräbt der Nachbar hinterm Haus
Ein Bündel, walzenförmig länglich,
Sieht dieses Tun verdächtig aus,
Ist weiter aber nicht bedenklich.

Es tut uns jeder Krimi kund:
Ein Mensch mit echter Mordgesinnung
Ist hauptberuflich Gärtner und
Mitglied bei der Gärtnerinnung.

Hernia

Der Darm liegt in zahlreichen Schlingen,
Die manchmal das Bauchfell durchdringen
Im menschlichen Wanste.
Nach Korrektur kannste
Ein Lied von den Wundschmerzen singen.

Lärcherick

Es sichtet ein Lachmöwenpärchen
Im tiefblauen Äther zwei Lärchen.
Das Paar ist auf Drogen,
Das Hirn hat gelogen,
Denn flatternde Lärchen sind Märchen.

Mafia

Ein Mafiaboss in Sorrento,
Der sagte zu Pepe: Momento,
Besinnt euch Genossen,
Hier wird nicht geschossen,
Wir würgn die Leit mit die Händ' o.

Sturmfrei

Etwas nördlich der Stadt Buxtehude
Hockt am Elbstrand die Lachmöwe Trude.
Jeden Lachvogelmann
Baggert sie an:
„Na, wie wär's? Ich hätt' sturmfreie Bude!"

Trist in Triest

Ein Hai in der Bucht von Trieste
Lebt kärglich und findet nur Reste.
Ein Tretboot wird leck,
Worauf der Fisch keck
Verschlingt zwei Touristen zum Feste.

Urlaub in Alicante

Ein Stinktierkind bucht Alicante
Zum Sonnen mit Onkel und Tante.
Die Gestade sind leer.
Keine Spanier mehr.
Was rennen und fliehen kann, rannte.

Die Skunke bemerken's verdrossen,
Zu Anfang wie Pudel begossen.
Da meint Onkel Stinktier,
Kein Sonnenöl stinkt hier.
Der Urlaub wird weidlich genossen.

Urlaubslimerick

Bananen- und Palmwedel fächeln.
Mit breitem osmanischen Lächeln
Begrüßen die Leute
Die Gäste von heute,
Die hitzebedingt heftig hecheln.

Wenn die Schatten dunkeln

Wenn der Wind sich legt zum Säuseln,
Stark genug, den See zu kräuseln,
Blätter auf und ab zu schunkeln,
Kommt die Zeit, wenn Schatten dunkeln.

Schwärze wächst aus hellem Blau,
Bunte Farben werden grau.
Stimmen ändern ihren Klang,
Werden ängstlich, flehend, bang.

Aus den Tiefen tauchen Welse,
Sirrend sucht nach Blut die Gelse.
Rehe äsen, kauen wieder.
Amseln flöten Schlummerlieder.

Eulen weiten die Pupille,
Lauschen in die dunkle Stille.
So geschehen gestern Nacht,
Die ich draußen zugebracht.

Monument Valley

Der Truthahngeier kreist mit regungslosen Schwingen,
Sein Auge sucht das Aas, das Krähenschwärme melden.
Aus weiter Ferne hört man monotones Singen,
Ein Lied voll Trauer über tapf're Stammeshelden.

Der weiße Mann bereist das Land der Felsentürme,
Verhilft John Deer zum knappen, tristen Überleben.
Gefährlich werden Wolkenbruch und Wüstenstürme,
So lässt man gerne Rat für wenig Geld sich geben.

Kojoten betteln zahm wie Hunde an den Trassen.
Sie zeigen Zeichen des Verfalls in Demutsohren.
John Deer beeilt sich, diesen Irrweg zu verlassen,
Sein Stammesstolz geht sonst, Kojoten gleich, verloren.

Wolkenmeer

Orkangepeitsche, hohe See
Trifft brandend auf Korallenriffe.
Atolle ragen in die Höh',
Es fehlen nur versprengte Schiffe.

So täuscht, verwirrt das erste Bild.
Es sind die Höhen, die uns trügen.
Nur Gipfel sind's, wohl schroff und wild,
Die weite Wolkenfelder pflügen.

Verwurzelt

Wurzeln schlägt das Samenkorn,
Feines Fadenwerk im Boden.
Ein Bäumchen ist somit gebor'n,
Nach hundert Jahren erst zu roden.

Menschen ankern Bäumen gleich,
Heimat nennt die Wurzel sich.
Und sei's nur im Gedankenreich,
Verbindet man sich inniglich.

Irgendwo im Wald

Schatten werfen Ast und Stamm,
Jedes Blatt hält Sonne ab.
Ja, sogar des Farnes Kamm
Schattet, selbst der Aaronstab.

Doch die Sonne bricht mit Macht
Durch des Wipfeldaches Lücken.
Gleißend, voller Farbenpracht,
Will sie Schattenschwarz verrücken.

Zwischen Finsterwelt und Licht
Steht der Wald im Widerstreit.
Erst die Nachtzeit unterbricht
Diese stete Zwistigkeit.

Vergängliche Blütenpracht

Es dient die Pracht der Blumenkrone,
Mit Form und Farbe zu verführen.
Besuch erscheint und darf zum Lohne
So manchen Blütenteil berühren.

Verschmelzen dann die Elternzellen
Im Knoten, formt sich neues Leben.
Die Frucht beginnt heranzuquellen.
Die Blüte hat sich ausgegeben.

Nun schrumpft und welkt die einst'ge Pracht,
Verwandelt sich in Erde wieder.
Doch wird der Blume dann gedacht,
So widmet man der Blüte Lieder.

Landsommer

Landsommer, Heuduft und stahlblauer Himmel,
Doch Quellwolken stellen vereinzelt sich ein.
Ameisen schuften, ein buntes Gewimmel,
Das Lerchenvolk trällert im gleißenden Schein.

Drückend bisweilen die Luft, voller Schwüle,
Dann schwere Gewitter, es poltern die Riesen.
Folgt auf den Regen erfrischende Kühle,
Genießt man den Duft frischer Mahd auf den Wiesen.

Der alte Bergschuh

Schroffe Kanten, Steilgelände,
Regen, Wasser, Gletschereis,
Mancher Tritt in nasse Wände,
Marmor, Glimmerschiefer, Gneis.

Alle diese Bodenarten
Hat ein Schuhpaar oft gemeistert.
Freilich hat es Narben, Scharten,
Doch der Träger ist begeistert.

Moden wechseln, Neues lockt,
Auch ein Bergschuh altert modisch.
Neu beschuht und neu besockt
Sind ja viele periodisch.

Treue hält so mancher Wandrer
Dem vertrauten Sohlenpaar.
Dieser Schuh, noch lang kein andrer,
Sichert ihm den Weg ins Kar.

Im Nebelreich

Ob Nebelschleier, Nebelwände,
Sie täuschen, trügen das Gesicht.
Die Wirklichkeit ohn' Schwadenblende
Erkennt man erst bei freiem Licht.

Doch fördert dieser Tropfenrauch
Des Menschen Fantasie zutage.
Er weht mit feuchtem, kühlen Hauch,
Stellt Altgewohntes selbst in Frage.

Traunsee im Winter

Wo gestern sich noch grüne Flur
Ans himmelblaue Wasser schmiegte,
Erstreckt sich heute Weißes nur,
Der Farbenwandler Winter siegte.

Gehauchter Nebel steigt empor,
Es frösteln klamm die Felsgebilde.
In Büscheln ragt noch Schilf hervor,
Selbst Ätherblau verströmt nicht Milde.

Im Eis, das zögernd wächst und drängt,
Verblassen alle Spiegelbilder.
Kein Boot, das in den Winden hängt,
Der Traunstein droht im Winter wilder.

Holzbankwunder

Zwei Bretter, roh, am Hof gefunden,
Ein Rundholz, passend abgesägt.
Verschränkt, verschraubt, verkeilt, verbunden,
Nach hinten zu leicht abgeschrägt.

Nun steht die Bank am grünen Teich.
Welch' Wunder in dem Holzwerk liegen!
Wer rastet, ruht, erfährt sogleich,
Wie Last und Müh' im Nu verfliegen.

Erquickende Rast

Ein Bänklein lädt zum Rasten ein,
Der Wand'rer nützt den Ort zur Ruh.
Die Wiese prangt im Sonnenschein,
Die Blumen nicken Grüße zu.

Gedanken fliegen fort und her,
Der nahe Gipfel wirft sie wider.
Des Kuckucks Ruf klingt hohl und schwer,
Das Bienenvolk summt frohe Lieder.

Glückselig, wer genießen kann,
Den Blick dem Schönen, Schlichten weiht.
Voll Glücksgefühl verlässt man dann
Die Stätte der Besinnlichkeit.

Elfchen Malve

Das Elfchen Malve ruft zum Reigen,
Zum Blütentanz im Blumengarten.
Wenn Menschenkinder lauschend schweigen,
Erleben sie das Fest der Zarten.

Kein lautes Wort ist angebracht,
Fragil sind diese Lufthauchwesen.
Wer angesichts des Treibens lacht,
Ist fortan nicht mehr auserlesen.

Wer also Elfen sehen will,
Bewahre sich das Kindgemüt,
Sei frohgelaunt, nach außen still,
Dann staunt man, was man alles sieht.

Herbstblatt

Der Sommer übergibt sein Reich
Dem Landschaftsmaler der Saison,
Dem Herbst, er zeichnet alles weich,
Jedoch den Winter ahnt man schon.

Bevor die Welt im Grau versinkt,
Die Bäume kahl ins Leere ragen
Und Kälte in die Häuser dringt,
Hat Meister Herbst das große Sagen.

Er pinselt grüne Blätter rot,
Versäumt nicht, Gelbton anzurühren.
Auch Laub am Boden wirkt nicht tot,
Ein Farbrauschleben scheint's zu führen.

So soll das Herbstblatt still ermahnen,
Dass Sterben noch zum Leben zählt.
Der Farbenüberfluss lässt ahnen,
Nicht finster ist die andre Welt.

Entenfrieden

Sonnenkringel
Überm Wiesenflor,
Sanfter Wellenschlag zum Ufer hin.
Entenfrieden,
Leiser Mückenchor,
Eingeständnis,
Dass ich glücklich bin.

Eisblumen

Die Eisblumen wucherten, blühten an Scheiben.
Sie welkten im Hauch aus gerundeten Mündern.
Und Eisblumen lockten, am Glase zu reiben,
Erfreuten mit neuen kristallenen Kindern.

Vertrieben die Wasserdunst-Kältegebilde.
Es bleiben nur Träume von Nelkengespenstern.
Die Zimmerluft, ferngeheizt weitaus zu milde,
Verhindert den Zauber auf Thermoglasfenstern.

Abendbild

Es neigt der Tag sich hin zum Ende,
Am Horizont erglüht ein Ball.
Die Schatten füllen das Gelände,
Das Vieh der Weide strebt zum Stall.

Zwei Birken zeigen stille Trauer,
Ihr Zweigwerk hütet Golgatha.
Die Wolken gleichen goldner Mauer.
Schon blinken Sternchen dort und da.

Abendstimmung am See

Letztes Aufgebot an Licht,
Dennoch gleißend, spiegelnd, blendend.
Sonnenstrahl im Wasser bricht,
Diesen schönen Tag beendend.

Bootsmann, rudere zum Steg,
Störe nicht der Schatten Zeit.
Geh dem Nachtvolk aus dem Weg,
Dem die Dunkelheit geweiht.

Das alte Haus

Risse, Löcher, blanke Ziegel,
Bröckelmörtel, feuchter Putz.
Fensterrahmen ohne Scheiben,
Läden ohne jeden Nutz.

Leben fehlt und Kinderlachen,
Leer und düster sind die Kammern.
Dachgebälk und Stiegenhäuser
Hört man laut bei Stürmen jammern.

Sinnend steht man vor den Mauern,
Ausdruck der Vergänglichkeit,
Im Bewusstsein: Vor dem Altern
Sind auch Menschen nicht gefeit.

Großvaters Bastelhütte

Ein Baum, ein Zaun, ein Holzhaus, grob-solid gezimmert,
Von meines Vaters Vater einst gepflanzt, errichtet.
Ein Platz, an dem ein Stück der frohen Kindheit schimmert,
Wenn die Erinnerung Jahrzehnte rückwärts sichtet.

Schon längst lebt dieses Kleinod fort in fremden Händen,
Nur selten führt mein Weg in seine traute Nähe.
Der Leute Blick zeigt deutlich staunendes Befremden,
Wenn ich am Zaun vor Baum und alter Hütte stehe.

Die alte Linde

Die stolze Linde blickt ins Land
Schon viele Menschenalter lang.
Ihr Blick erfasst der Alpen Rand,
Das Blatt lauscht Kirchenglockenklang.

Sie kennt der Menschen Alltagsmühen,
Erfreut sich auch an hohen Zeiten.
Sieht Trauerzüge, Liebesglühen
Und Wetterwolken Winde reiten.

Die Linde zählt das Jahr in Ringen,
Ist Chronik aller Dorfgeschichten.
Solch Bäumen muss man Lieder singen,
Erbärmlich, Zeugen zu vernichten.

Der Bildhauer

Ein Klotz, dem Lindenstamm entnommen,
Ein Brett, ganz roh noch, ohne Glätte,
Gefällt dem Meister, will ihm frommen,
Ein Werkstück für die Arbeitsstätte.

Er richtet Drechsel, Kerbschnitzmesser,
Der Klüpfel steht bereit zum Schlagen.
Oft schabt das hohle Eisen besser,
Wo Pfeil und Raspel bald versagen.

Es dauert Stunden, Tage, Wochen,
Dann werden Schnitte zu Gestalten.
Von Meisterhänden ausgestochen,
Ist's Kunst, was wir in Händen halten.

Linse oder Pinsel

Die Linse sammelt, leitet weiter,
Ein Ebenbild wird festgehalten.
Noch höher auf der Stufenleiter
Steht künstlerisches Handgestalten.

Es kann das Lichtbild wohl erfreuen,
Vermag auch Stimmung auszudrücken,
Doch Tupfen in das Werk zu streuen,
Das mag dem Pinsel eher glücken.

Ein Hauch von Wahnsinn

Ein Hauch von Wahnsinn schwebt im Raum,
Leise wimmert der Prolet.
Dem Kardinal erscheint im Traum
Ein Muezzin beim Nachtgebet.

Edel, wie von Mund geblasen,
Funkeln Sterne sonder Zahl.
Minister putzen ihre Nasen,
Durchs Nadelöhr zwängt sich ein Aal.

Der Hirte sucht nach seinem Schaf,
Das sich im Nirgendwo versteckt.
Löwen finden keinen Schlaf,
Gertrude ist nicht unbefleckt.

Getreidespeicher klagen an,
Die Hinterwäldler haben Ruhr.
Ein Klinikwagen mit vier Mann
Holt mich ab, warum denn nur?

Vier Wochen Sanatorium
Ordnen das Gedankenschema.
Jetzt weiß ich, ach, wie war ich dumm,
Zum Dichten braucht man auch ein Thema.

Gedichtformen

Der Zweizeiler

Die Zweizeilform schränkt bei Balladen
Die Handlung ein, das kann nicht schaden.

Der Vierzeiler

Vierzeiler sind leicht verfasst.
Geh' die Sache wacker an,
Denke aber jetzt schon dran,
Dass du nicht den Schluss verpasst!

Schiller

In den Balladen von Schiller
Dreht sich alles um Killer.
Ibykus wird tot gefunden,
Nackt, entstellt und voller Wunden.
Und Dionys, dem Wüterich,
Droht ebenfalls ein Messerstich.
Delorges kann sich auch nicht freu'n
Zwischen dem Tiger und dem Leu'n.
Der Taucher stirbt am Meeresgrund
Nach Anstiftung aus Königsmund.
Man sieht, das Genre ist schon alt:
Gewalt, Gewalt, Gewalt, Gewalt!

Mitbringsel

Wasserpfeife auf dem Sims,
Bücherbord mit Holzkamel,
Seestern unter Muschelkrims,
Berberteppich aus Flanell.
Schiefer Turm mit Einbauuhr,
Elefant aus Porzellan,
Wochenlang Amöbenruhr,
Eingeschleppt aus Assuan.

Zahnprobleme

Zwei Zähne wackeln stark am Rechen,
Und zwar die beiden in der Mitte.
Sie schlottern, drohen auszubrechen,
Wie's bei Zähnen halt so Sitte.

Kein Malheur bei Schneidezähnen,
Ein Gartenrechen braucht sie nicht.
So schließ' ich, will nichts überdehnen,
Den Rechenzahnbefundbericht.

Kleist

Heinrich von Kleist
War ein reger Geist.
Nicht nur Dichter, nein, nicht minder
War der Genius Erfinder.
Das Talent dazu beweist er
Mit seinem Klebestoff, dem Kleister.

Der Gartensittich

Ein Wellensittich wächst im Garten.
Noch ist er grün und ziemlich hart.
Er kann die Reife kaum erwarten,
Denn bald, da wird er gelb und zart.

Dann pflückt man ihn vom Sittichbaum
Und setzt ihn auf die Käfigstange.
Ein Gartensittich ist ein Traum,
Er hält sich gut gekühlt recht lange.

Leichenfund

Zwei Wasserleichen treibt die Flut
Des Nachts an Schleswig-Holsteins Strand.
Ein Wanderer mit Heldenmut
Befreit sie schnell von Schmutz und Sand.

Die Körper, beide unbeschadet,
Verstaut der Mann im Kofferraum.
Geruchlos sind sie, nicht vermadet.
Verwesungsfortschritt merkt man kaum.

Zu Hause legt er beide Leichen
Zum Frieren in den Tiefkühlschrank.
Obwohl Gedanken ihn beschleichen,
Sein Tun wär' sonderbar, gar krank.

Am nächsten Morgen gießt er kühn
Den ersten Körper ein in Harz.
Dem zweiten spritzt er Formalin,
Verhindert so das Fäulnisschwarz.

Jetzt prüft der Mann mit Kennerblick
Das Resultat der Präparierung.
Nun dienen Krebs und Seestern, schick
Beschriftet auch, zur Dekorierung.

Kuhflattich

Was Kühe fressen, wird verdaut,
Das weiß das kleinste Volksschulkind.
Und wer auf Almen erdwärts schaut,
Der findet Platsch und Flutsch vom Rind.

Gar wichtig sind die flachen Scheiben,
Sie fördern frischen Wuchs des Grases.
Die Dinger, die gut sichtbar bleiben,
Erkennt man auch am Duft des Gases.

Zusammenfassend ist zu sagen,
Der Kuhdung ist des Landmanns Segen.
Nur hört man hin und wieder Klagen,
Wenn Städter sich im Gras bewegen.

Himbeerwurm

Die Himbeer' lockt mit Farb und Duft
Den Sammler, Wanzen und die Schnecke.
Der Himbeerwurm, der fiese Schuft,
Macht's Himbeer-Inn're zum Verstecke.

Man nimmt die pralle, reife Beere,
Es schließt in Vorfreud sich der Mund.
Die Zunge prüft, was dieses wäre,
So länglich, frei beweglich, rund.

Zu spät, das Würmchen fand den Pfad,
Sprich Gaumensegel Richtung Magen.
Mit Fruchtaroma schmeckt's nicht fad,
Wurm solo wär' zu hinterfragen.

Das Mondkalb trägt getönte Brillen

Das Mondkalb trägt getönte Brillen,
Ich mach mir keinen Reim darauf.
Welche Rolle mag das spielen?
Frau Luna geht am Abend auf.

Sonnenschutz ist ausgeschlossen,
Es kann auch Eitelkeit nicht sein.
Das Kalb – es ist darob verdrossen –
Lebt auf dem Monde ganz allein.

Der Mond rotiert tagein, tagaus,
Rasend schnell um unsre Erden.
Lehnt das Kalb sich weit hinaus,
Führt die Zugluft zu Beschwerden.

Ein Verdacht, von dem ich meine,
Dass er ausreicht als Begründung:
Das Tier hat von der Zugluft seine
Mondkalbbindehautentzündung.

Der Mips

Ich möchte, dass der Faltenhund
Nicht Mops, doch Mips als Namen führte,
Nur so, kein zwingend tiefer Grund,
Ganz einfach, weil's dem Hund gebührte.

Das o klingt traurig, tief und dunkel,
Das i jedoch so jauchzend hell.
Man sieht's in Mipsens Auggefunkel,
Er freut sich, unser Hausgesell.

Die Kinder riefen ganz entzückt,
Erspähten sie den Hund vorm Haus:
Ein Mips, ein Mips, ich werd' verrückt.
Der Mann ging sonst mit Möpsen aus.

Der verschämte Schemel

Dem Schemel fehlt die Rückenlehne.
Verschämt zerdrückt er manche Träne.
Die Sessel lachen schamlos dröhnend,
Den Schemel - Schämel jetzt - verhöhnend.

Doch plötzlich: schemenhafte Wende.
Das Schamgefühl erfährt sein Ende.
Der Schemel sieht in Traumes-Szenen
Ein Meer zerbroch'ner Sessellehnen.

Er sieht Schamanen, die die Stützen
Nach Schema F als Brennholz nützen.
Nun nimmt der leidgeprüfte Hocker
Den Lehnenmangel äußerst locker.

Der Parasol

Dem grünen Moos der Mischwalderde
Entwächst ein Parasol, ganz jung.
Er hofft, sein kurzes Leben werde
Ereignisreich sein und voll Schwung.

Als Paragleiter sieht er sich
Ganz paramilitärisch fliegen.
Und parasitisch heuchlerisch
Auf roten Paradeisern liegen.

An Paratyphus, bitte sehr,
Will Pari sicher nicht erkranken.
Als echtem Paranoiker
Gefällt's ihm, Paraffin zu tanken.

Er hasst die Paragraphenhengste,
Paraden nennt er paradox.
Hat parapsychologisch Ängste
Vorm Schatten eines Wurzelstocks.

Doch parallel zu Hirngespinsten
Bekennt er sich zur Wirklichkeit.
Als Paradigma steht zu Diensten
Der Parasol für Albernheit.

Berichtigungen

Ein Maulwurf wirft nicht mit dem Maul,
Ein Steppenzebra kann nicht steppen.
Ein Seepferd nennt man niemals Gaul,
Das tun im Regelfall nur Deppen.

Ein Trauermantel trauert nicht,
Er trägt auch keinen schwarzen Mantel.
Nie steht ein Raubtier vor Gericht,
Und Volkstanz langweilt die Tarantel.

Zitronenfalter falten nie
Zitronen, was sie nicht geniert.
Es leitet keine Energie
Der Drahtwurm, weil er isoliert.

Der Auerochs kann Öchslein machen,
Die Taube hört besonders gut.
Lachmöwen haben nichts zu lachen,
Dem Wildkaninchen fehlt's an Mut.

Hammerhaie basteln selten
Und Sägefische schneiden nicht.
Es wär' noch vieles zu vermelden,
Ich schließe aber den Bericht.